Iesu Grist a Fi

DYSGU BYW YN FFORDD DUW

V. GILBERT BEERS
Addasiad Cymraeg gan
Margaret Cynfi

Darluniau gan Tony Kenyon

CYHOEDDIADAU'R
GAIR

℗ Cyhoeddiadau'r Gair 1999

Testun gwreiddiol: V. Gilbert Beers
Darluniau gan Tony Kenyon
Addasiad Cymraeg gan Margaret Cynfi
Golygydd Cyffredinol: Aled Davies
Cyhoeddwyd yn wreiddiol gan *Candle Books*.

ISBN 1 85994 210 5
Argraffwyd yn Singapore.

Cyhoeddwyd gan:
Cyhoeddiadau'r Gair,
Cyngor Ysgolion Sul Cymru,
Ysgol Addysg, PCB, Safle'r Normal,
Bangor, Gwynedd, LL57 2PX.

Iesu Grist a Fi

DYSGU BYW YN FFORDD DUW

V. GILBERT BEERS
Addasiad Cymraeg gan
Margaret Cynfi
Darluniau gan Tony Kenyon

CYHOEDDIADAU'R
GAIR

Cynnwys

Wyneb
Siriol

Edrychodd Ceri ar yr amlen a gawsai ei mam drwy'r post. Ar gefn yr amlen 'roedd cylch mawr melyn a wyneb siriol arno.

'Pam y mae pobl yn rhoi wynebau siriol ar amlenni?' gofynnodd Ceri i'w mam.

Sgwrs Fach am
Fod yn siriol

1. A welsoch chwi'r wynebau bach melyn siriol hyn? Pam, yn eich barn chi, y mae pobl yn eu rhoi ar amlenni?

2. Beth fyddai orau gennych ei weld, wyneb trist ynteu wyneb siriol? Pam?

3. Beth a ddywed mam wrth Ceri?

'Efallai bod wyneb melyn siriol fel hyn yn ffordd o yrru gwên trwy'r post,' meddai mam Ceri. 'A yw e'n gwneud i ti wenu hefyd?' Edrychodd Ceri ar yr wyneb siriol wedyn, yna, dechreuodd wenu. 'Ydy', mae e', meddai. 'Pan wyt ti'n gwenu, mae dy ffrindiau eisiau gwenu hefyd,' meddai mam Ceri, 'ond pan wyt ti'n edrych yn drist, mae dy ffrindiau'n teimlo'n drist hefyd.

Wyt ti'n meddwl bod ar Iesu eisiau i'w ffrindiau fod yn siriol?'

Sgwrs Fach am
Iesu a Chi

1. Pam y dylai Cristnogion fod yn siriol?   Pam y dylem ni fod yn hapus?

Darllen o'r Beibl: *Diarhebion 15: 13, 15, 30.*

Adnod o'r Beibl: Y mae llygaid byw yn llawenhau'r galon (*Diarhebion 15: 30*).

Gweddi: Annwyl Iesu, wrth i mi edrych ar yr wyneb bach siriol hwn, gad imi gofio dangos i eraill pa mor siriol yr wyf. Pan fo rhywun eisiau gwybod pam, helpa fi i ddweud wrthynt amdanat Ti. Amen.

Mae Rhannu'n *Hwyl*

Aeth dau fachgen i'r ysgol un diwrnod. Anghofiodd Peredur ei ginio, felly doedd ganddo ddim i'w fwyta. 'Roedd gan Siôn ddwy frechdan, afal, gellygen, a phedair o fisgedi.

Amser cinio, arhosodd Peredur yn yr ystafell ddosbarth i ddarllen llyfr. Aeth Siôn am yr ystafell ginio i gael ei fwyd.

Sgwrs Fach am *Rannu*

1. Beth a gafodd Siôn i ginio?   Beth a gafodd Peredur?

2. Pe baech chi'n lle Siôn, beth a wnaech ynghylch Peredur, oedd heb ginio?

Pan welodd Siôn ei ffrind Peredur yn y dosbarth, aeth yn ôl i siarad ag ef. Gwelodd bod ei ffrind wedi anghofio'i ginio.

Felly, rhannodd Siôn ei ginio â Pheredur. Cafodd ellygen, un frechdan, a dwy fisged. Cafodd Peredur un afal, un frechdan, a dwy fisged. 'Roedd y ddau fachgen yn hapus yn bwyta gyda'i gilydd.

Sgwrs Fach am
Iesu a Chi

1. Pam 'roedd Siôn yn hapus wrth fwyta'i ginio? Pam 'roedd Peredur yn hapus?

2. Pam 'roedd Iesu'n hapus wrth weld y ddau fachgen yn bwyta'u cinio?

Darlleniad o'r Beibl: *Mathew 6: 2-4.*

Adnod i'w Dysgu: Cyfrannwch at reidiau'r saint (*Rhufeiniaid 12: 13*).

Gweddi: 'Rwyt ti wedi rhannu cymaint â ni, annwyl Arglwydd Iesu. Cymorth fi i rannu'n hapus ag eraill fel y byddaf wrth dy fodd di, ac yn debyg i Ti. Amen.

Gwrandewch!

'Roedd Taid yn darllen ei bapur newydd, fel y gwna teidiau. 'Roedd Ifan am ofyn cwestiwn, fel y gwna bechgyn yn aml pan fydd teidiau'n darllen.

Pan ofynnodd Ifan y cwestiwn cyntaf, mwmiodd Taid rywbeth a swniau fel 'Y — Y'. Gofynnodd Ifan y cwestiwn wedyn, a dywedodd Taid rywbeth tebyg. A phan ofynnodd Ifan y cwestiwn am y trydydd tro, wnaeth Taid ddim ateb o gwbl. 'Ydych chi'n gwrando?', gofynnodd Ifan i Taid.

Sgwrs Fach am
Wrando

1. Ydych chi'n meddwl bod Taid yn gwrando?

2. Beth a hoffai Ifan i Taid ei wneud? Beth a wnaech chi pe baech chi yn lle Taid?

Rhoddodd Taid ei bapur o'r neilltu.
'Beth ddywedaist ti?' gofynnodd i Ifan.

'Ydych chi'n gwrando, Taid?' meddai
Ifan.

'Mae'n ddrwg gen i,' meddai Taid,
'doeddwn i ddim yn gwrando, 'roedd y
papur newydd yn rhy ddifyr. Gofyn dy
gwestiwn eto, a'r tro hwn byddaf yn
gwrando'n ofalus.'

Sgwrs Fach amdanoch
Chi a Duw

1. Pa mor aml y mae Duw'n gwrando pan fyddwch yn siarad ag Ef? A hoffech iddo wrando'n amlach? Pam?

2. Pam, yn eich barn chi, y mae gwrando'n plesio Duw? A allwn ni ddweud wrth eraill bod Duw'n gwrando os na allwn ni, ei ffrindiau, wrando?

Darlleniad Beiblaidd: *Salm 34: 4-6.*

Adnod i'w Dysgu: Byddaf yn eu gwrando wrth iddynt lefaru. (*Eseia 65: 24*)

Gweddi: Diolch i Ti, o Dduw, am wrando arnaf. Diolch i Ti am beidio mynd i gysgu tra byddaf yn siarad â Thi. Amen.

Diolch i
Dduw

'Fi dalodd am y bwyd hwn', meddai Mr Lewis, 'Pam y dylwn ddiolch i Dduw amdano?'

'Fi brynodd y bwyd hwn yn y siop,' meddai Mrs. Parri. 'Pam y dylwn ddiolch i Dduw amdano?'

''Rwyf wedi gweithio'n galed i blannu llysiau'n yr ardd, ac i'w casglu wedyn,' meddai Mr Dafis, 'Pam y dylwn i ddiolch i Dduw amdanynt?'

'Mam wnaeth ginio i mi heddiw', meddai Dewi, 'Pam y dylwn i ddiolch i Dduw amdano?'

Sgwrs Fach am
Fod yn Ddiolchgar

1. Beth a ddywedech chi wrth bob un o'r bobl hyn? Pam y dylent ddiolch i Dduw am eu bwyd?

2. Pwy enillodd yr arian ar gyfer eich bwyd chi? A ydych wedi diolch i Dad neu Mam amdano? Pwy sy'n coginio eich bwyd i chi? A ydych wedi rhoi diolch?

3. Pam y dylech chi ddiolch i Dduw am eich bwyd?

Chwiliwch yn y gegin. Ceisiwch gael hyd i fwyd na thyfwyd gyda chymorth Duw. Gofynnwch i Dad neu Mam helpu.

'Roedd ar bob ffrwyth a phob llysieuyn angen haul a glaw Duw i dyfu. 'Roedd ar bob anifail angen glaswellt a bwyd arall i'w fwyta. Y mae ar y glaswellt angen haul a glaw Duw. Ni ellwch gael hyd i'r un bwyd nad oedd angen cymorth Duw i dyfu. Ai dyna pam y dylem ddiolch iddo am fwyd?

Sgwrs Fach amdanoch

Chi a Duw

1. Gawsoch chi hyd i unrhyw fwyd nad oedd angen cymorth Duw i dyfu? Crewyd pob bwyd gan Dduw, ac 'roedd angen ei haul a'i law.

2. Pwy a'ch gwnaeth? A ellwch chi aros yn iach heb fwyd? Pwy a wnaeth eich bwyd? A ydych wedi diolch i Dduw am eich bwyd? Gwnewch hynny'n awr.

3. A ydych wedi diolch i Dad a Mam am brynu a choginio bwyd i chi? Gwnewch hynny'n awr.

Darlleniad Beiblaidd: *Genesis 1: 29, 30*

Adnod i'w dysgu: Dyro i ni o ddydd i ddydd ein bara beunyddiol (*Luc 11: 3*).

Gweddi: Diolch i Ti, o Dduw, am ein bwyd. Diolch am Dad a Mam, sy'n prynu ac yn coginio'r bwyd a greaist Ti. Amen.

Dweud Celwydd

'Roedd Bryn yn dweud stori wrth rai o'i gyfeillion, ond 'doedd hi ddim yn stori wir. Chwarddodd rhai ohonynt a dweud mai dychmygu oedd e'. Dywedodd eraill ar ei ben ei fod yn dweud celwydd.

'Roedd Bryn yn ceisio cael ei gyfeillion i gredu ei fod wedi gwneud rhywbeth nad oedd wedi ei wneud. Yna, buasent yn credu ei fod yn arwr.

Sgwrs Fach am
Ddweud Celwydd

1. Beth a geisiai Bryn ei wneud? Beth a ddywedech chi, ei fod yn dychmygu neu'n dweud celwydd?

2. Glywsoch chi gyfaill yn dweud celwydd? Sut y teimlech wrth glywed hyn? A wnaethoch chi ddweud celwydd erioed? Sut y teimlech wrth ei ddweud? Sut y teimlai pobl eraill wrth wrando arnoch?

Efallai y credai Bryn y byddai ei gyfeillion yn ei hoffi'n well wrth iddo adrodd ei ddychmygion. Ond fel arall y bydd, byddant yn gwybod ei fod yn dweud celwydd. Mae'n anodd meddwl am unrhyw beth da i'w ddweud am berson sy'n dweud celwydd!

Sgwrs Fach amdanoch
Chi a Duw.

1. Tybed a ddywedodd Iesu gelwydd erioed?

2. A gredwch y dylai cyfeillion Iesu ddweud celwydd am unrhyw beth? Pam?

3. Beth yw meddwl Iesu pan fo'i gyfeillion yn dweud celwydd? A yw'n teimlo cywilydd drostynt?

Darlleniad o'r Beibl: *Diarhebion 6: 16-19*

Adnod i'w dysgu: Y mae geiriau twyllodrus yn ffiaidd gan yr Arglwydd, ond y mae'r rhai sy'n gweithredu'n gywir wrth ei fodd (*Diarhebion 12: 22*).

Gweddi: Arglwydd, cymorth fi i ddweud y gwir, fel y gall pobl ymddiried ynof. Amen.

Maddau

Dyledion

Pan aeth Iwan ar wibdaith gyda'i ddosbarth, benthycodd bunt gan un o'i gyfeillion er mwyn prynu hufen ia. Cafodd fenthyg dwy bunt gan gyfaill arall er mwyn prynu anrhegion. Benthycodd ddwy bunt gan gyfaill arall i brynu poster, a phunt gan un arall i brynu melysion.

Ar y ffordd adref, dechreuodd Iwan feddwl faint oedd ei ddyled. Prin y gallai gredu! 'Roedd arno chwe phunt rhwng pawb! Sut ar y ddaear y gallai ei dalu'n ôl?

Pan gyrhaeddodd Iwan adref edrychai mor boenus nes i'w dad ofyn iddo beth oedd yn bod. Yna dywedodd Iwan yr hanes wrtho, a'i fod yn difaru'n fawr.

Sgwrs Fach am
Ddyled

1. Pa beth ffôl a wnaeth Iwan? Sut y gwyddoch ei fod yn difaru?

2. Pe baech chi'n lle tad Iwan, beth a ddywedech wrtho? Beth a wnaech?

'Fe dalaf dy ddyledion y tro hwn,' meddai tad Iwan, 'yn union fel y mae Iesu wedi talu fy nyledion i.'

'Wnaethoch chi fenthyca arian gan rywun?' gofynnodd Iwan. 'Na,' meddai Dad gan wenu, 'nid arian. Pan fyddwn yn pechu, byddwn yn mynd i ddyled. Ni allwn byth dalu ein dyledion. Ond mae Iesu wedi addo talu fy nyledion i. 'Roeddwn i'n edifar am fy nyledion, gofynnais iddo eu talu, ac fe wnaeth.'

A ydych chi wedi gofyn i Iesu dalu'ch dyledion drosoch?

Sgwrs Fach am
Iesu a chi

1. Pa fath o ddyledion a dalodd tad Iwan drosto? Pa fath o ddyledion a dalodd Iesu dros dad Iwan?

2. A ydych wedi gofyn i Iesu faddau i chwi, a bod yn Geidwad i chwi? Pan wnewch hynny, bydd Ef yn maddau eich pechodau fel y gwnaeth i dad Iwan.

Darlleniad Beiblaidd: *Mathew 6: 9-15*

Adnod i'w dysgu: Maddau i ni ein troseddau, fel yr ŷm ni wedi maddau i'r rhai a droseddodd yn ein herbyn (*Mathew 6: 12*).

Gweddi: Annwyl Iesu, maddau i mi fy mhechodau. Cynorthwya fi i fyw yn ôl dy ewyllys di. Amen.

Ydych chi'n hoffi bod
Yn Ufudd?

'Aros,' meddai Carys wrth Pero'r ci. Ond wnâi Pero ddim gwrando arni.

'Mam' meddai Carys, 'wnaiff Pero ddim gwrando arna i.'

'Wel,' meddai mam Carys, 'mae hynna'n fy atgoffa o amser bwyd neithiwr. Mi wnes i alw a galw, ond ddoist ti ddim.'

'Mae'n ddrwg gen i, Mam,' meddai Carys, 'mae'n bwysig ufuddhau, 'rwy'n gweld.'

Sgwrs Fach am
Ufuddhau

1. Beth a wnaeth Pero o'i le? Pam 'roedd Carys yn ddig?

2. Beth a wnaeth Carys yn debyg i'r hyn a wnaeth Pero? Beth a ddylai mam Carys ei ddweud wrthi?

'Pam 'rwyt ti am i Pero fod yn ufudd i ti?' gofynnodd mam Carys.

Meddyliodd Carys am funud. 'Efallai y buasai Pero'n cael ei frifo am nad oedd wedi gwrando arna i,' meddai.

'Unrhyw reswm arall?,' gofynnodd ei mam.

'Efallai y buasai gen i asgwrn neu rywbeth iddo,' meddai Carys, 'os nad yw'n dod yn syth pan alwaf, buasai'n ei golli.'

'Dyna ddau reswm da,' meddai ei mam, 'ac mae hynny'n wir am feibion a merched hefyd, pan fydd eu tad a'u mam yn galw arnynt, ac Iesu Grist hefyd.'

''Rwyf am geisio bod yn ufudd i chi ac i Iesu Grist,' meddai Carys.

Sgwrs Fach am
Iesu a chi

1. Beth a ddysgodd Carys am ufuddhau? Pa ddau reswm da sydd am ufuddhau i'n rhieni ac i Iesu?

2. Rhoddodd Iesu reswm arall dros ufuddhau. Edrychwch ar yr adnod isod.

Darlleniad Beiblaidd: *Ioan 14: 23, 24*

Adnod i'w dysgu: Dywedodd Iesu, 'Os ydych yn fy ngharu i, fe gadwch fy ngorchmynion i' (*Ioan 14: 15*).

Gweddi: O Iesu, 'rwyf yn falch fy mod yn gallu siarad â Thi, a bod yn gyfaill i Ti. Gwn y byddi bob amser yn fy nghynorthwyo i wneud yr hyn sy'n iawn. Amen.

Beth yw pwynt Twyllo?

'Roedd Dyfed yn crafu ei ben ac yn rhwbio'i drwyn, ond ni allai gofio'r ateb. Yna edrychodd ar Rhian. 'Roedd hi eisoes wedi ysgrifennu'i hateb, ac 'roedd yn siŵr o fod yn iawn.

'Roedd Rhian yn iawn bob amser. Dim ond symud dipyn bach nes, ac fe fyddai Dyfed yn gweld dros ysgwydd Rhian.

Symudodd Dyfed ei ben, ond 'roedd rhywbeth o'i fewn yn dweud wrtho am beidio. 'Doedd e' ddim yn hapus am y peth o gwbl.

Sgwrs Fach am
Dwyllo

1. Pam nad yw Dyfed yn siwr a ddylai ef dwyllo ai peidio?

2. Sut y bydd Dyfed yn teimlo'r diwrnod wedyn os bydd yn twyllo'n yr arholiad? Sut y teimlech chi?

'Na,' meddai Dyfed wrtho'i hun, 'wna i ddim twyllo. Byddaf yn teimlo'n euog os gwnaf. A gwn na fuasai Iesu'n hapus o gwbl.'

Felly, gwnaeth Dyfed ei orau i ateb yn gywir. 'Hyd yn oed os nad yw hyn yn gywir, byddaf wedi gwneud y peth iawn,' meddyliodd Dyfed.

A ydych chi'n credu bod Dyfed wedi gwneud y peth iawn?

Sgwrs Fach am
Iesu a chi

1. A fuasai Iesu'n hapus pe bai Dyfed wedi twyllo? Pam?

2. A yw Iesu'n hapus â'r hyn a wnaeth Dyfed? Pam?

Darlleniad Beiblaidd: *Philipiaid 4: 8, 9.*

Adnod i'w dysgu: Beth bynnag sydd wir, yn anrhydeddus, yn gyfiawn a phur, yn hawddgar a chanmoladwy, myfyriwch ar y pethau hyn (*Philipiaid 4: 8*)

Gweddi: Annwyl Iesu, dysg fi i fod yn onest, oherwydd os twyllaf, twyllo fy hun y byddaf fwyaf oll. Amen.

Llais Cysurlon

Edrychai Anwen trwy ddrws ei hystafell wely ar y cysgodion. Gwelodd gysgod mawr yn dod tuag ati trwy'r drws. 'Roedd yn fawr ac yn fygythiol. 'Roedd Anwen wedi dychryn, a dechreuodd grïo.

Sgwrs Fach am fod yn
Ofnus

1. Beth a welodd Anwen? Pam roedd hi'n ofni?

2. Beth sy'n gwneud y cysgod? Beth a ddywedech chi wrth Anwen?

'Paid a chrïo Anwen,' meddai
llais, 'dim ond y fi sy 'ma'.

Cyn gynted ag y clywodd lais ei
chwaer fawr, rhoes Anwen y gorau
i grïo. Gafaelodd ei chwaer yn
dynn amdani, a chydiodd Anwen
ynddi'n hapus.

Sgwrs Fach am
Iesu a chi

1. A fyddwch chi'n ofni cysgodion yn y nos?

2. A fuasech yn ofnus pe credech bod Iesu gyda chi?

Darlleniad Beiblaidd: *Ioan 10: 14-16*

Adnod i'w dysgu: Bydd y defaid yn ei ganlyn am eu bod yn adnabod ei lais Ef (*Ioan 10: 4*).

Gweddi: Annwyl Iesu, pan fyddaf yn ofnus, bydd gyda mi, ac nid ofnaf mwy. Amen.

Sut y dylem ni Roi?

Rhoddodd Alun a Iolo anrhegion penblwydd i'w mamau. Gwariodd Alun hynny o arian oedd ganddo, a phrynu anrheg gwych i'w fam. Yna, bu allan drwy'r dydd yn chwarae gyda'i ffrindiau. 'Doedd gan Iolo ddim arian, ond gwnaeth gerdyn penblwydd i'w fam. Dywedodd wrthi mam mor dda oedd hi, a chymaint 'roedd yn ei charu. Yna treuliodd y diwrnod yn ei helpu.

Sgwrs Fach am
Roddi

1. Pa anrheg oedd y gorau? Pa anrheg yw'r gorau gennych chi?

2. Pa fath o anrhegion sydd orau? Ai'r anrhegion gorau yw'r rhai drutaf?

3. A gofiwch chi am hyn pan ddaw penblwydd mam a dad heibio?

Nid pethau yw'r anrhegion gorau. Gall y rhan fwyaf o bobl brynu pethau a'u rhannu. Yr anrhegion gorau yw chi eich hun a'ch cariad. All neb ond y chi roi hwnnw.

Beth fyddai'r gorau gennych?

Gwmni mam a dad ar eich penblwydd, neu anrheg drud, a bod heb eu cwmni?

Sgwrs Fach am
Iesu a chi

1. Beth fyddai orau gennych ei gael gan Iesu? Ei gariad ynteu llawer o arian?

2. Dywedodd Iesu ei fod gyda ni bob amser. A fyddech chi'n hoffi hynny?

3. Dywedodd Iesu y cawn fyw gydag Ef yn y nefoedd. Beth fyddai orau, cael hynny, neu bod yn frenin ar wlad fawr? Pam?

Darlleniad o'r Beibl: *Mathew 6: 31-34*

Adnod i'w chofio: Gwell ychydig gydag ofn yr Arglwydd na chyfoeth mawr a thrallod gydag ef (*Diarhebion 15: 16*).

Gweddi: Annwyl Iesu, dyro i mi dy roddion gorau - dy gariad, dy gartref yn y nefoedd, a'th bresenoldeb gyda mi nes af yno i fyw. Amen.

Paid a
Brolio gormod

'Roedd Tudur yn ymffrostio wrth ei ffrindiau.
Gallai ei dad glywed bob gair a ddywedai.

'Gallaf redeg yn gyflymach na neb yn y
dosbarth,' meddai. 'Gallaf redeg yn
gyflymach na neb yn yr ysgol, ac yn
gyflymach na neb yn y dref, mae'n siŵr.'

Wedi i ffrindiau Tudur fynd, daeth ei dad i'r
ystafell. 'Clywais di'n siarad â'th ffrindiau,'
meddai.

Sgwrs Fach am
Frolio

1. Ydych chi'n hoffi clywed ffrind yn brolio? Pam?

2. A ydych chi wedi brolio am rywbeth yr
wythnos hon? Ydych chi'n meddwl bod eich
ffrindiau'n hoffi eich clywed? Pam?

'Gad i mi glywed yn union beth a ddywedaist ti wrth dy ffrindiau,' meddai Dad wrth Tudur.

Aeth wyneb Tudur yn goch. 'Na,' meddai, 'peidiwch â gwneud i mi ddweud hynna.'

'Dos ymlaen,' meddai tad Tudur, gan estyn balŵn. 'Beth mae dad am ei wneud efo hon, tybed?' meddyliodd.

Meddai Tudur, gallaf redeg yn gyflymach na neb yn fy nosbarth.'

Cymerodd Dad y balŵn a chwythu iddi. 'Dos ymlaen,' meddai wrth Tudur.

Pan ddywedodd Tudur y gallai redeg yn gyflymach na neb yn yr ysgol, chwythodd Dad i'r balŵn eto. A phan ddywedodd y gallai redeg yn gyflymach na neb yn y dref, chwythodd Dad mor galed nes i'r balŵn ffrwydro.

Bu bron i Tudur syrthio allan o'i gadair.

'Tri phwff, a brolio dair gwaith, bu hynny'n ddigon i'r balŵn,' meddai Dad.

'Bydd yn ofalus rhag i ti dy hun ffrwydro.' 'Wna i ddim eto,' meddai Tudur, 'mae'n ddrwg gen i.'

Sgwrs Fach am
Iesu a chi.

1. Sut y mae brolio'n debyg i chwythu balŵn? Sawl pwff a gymerodd i'r falŵn ffrwydro?

2. Beth a ddywedech chi wrth Tudur am frolio? A fyddwch chi'n cofio'r tro nesaf y byddwch am frolio?

Darlleniad Beiblaidd: *Luc 14: 8-11*

Adnod i'w chofio: Darostyngir pob un sy'n ei ddyrchafu ei hun (*Luc 14: 11*).

Gweddi: Atgoffa fi o'r balŵn, Arglwydd da. Cadw fi rhag ymffrostio. Fe wn na fuaset Ti'n hoffi hynny. Amen.

Helpu rhywun

Unig

Darllenodd tad Owain o'r papur newydd - 'Edrychwch ar hwn,' meddai, 'Mrs Tomos wedi syrthio a brifo. Ar ei phen ei hun 'roedd hi, ac ni allai gyrraedd y ffôn.'

Edrychodd Mam ar yr hanes. 'Druan ohoni' meddai, 'ydi hi'n well?'

'Ydi,' meddai Dad, cafodd rywun hyd iddi, ac mae'n Ysbyty Dewi Sant.'

Edrychodd Owain ar y papur, a gwelodd lun Mrs Tomos.

' 'Rydwi'n pasio'r tŷ bob dydd wrth fynd i'r ysgol,' meddai, 'ond, wrth gwrs, welais i mohoni.' Edrychai Owain mor drist nes 'roedd ei dad a'i fam yn gresynu drosto.

Yna gwenodd Owain. 'Mae gan i syniad,' meddai, 'fe wn i sut i helpu Mrs Tomos.'

Sgwrs Fach am
Helpu

1. A ydych chi'n gresynu dros Mrs Tomos? Pam na allai hi gael help?

2. Beth yw syniad Owain tybed? Oes gennych chi syniadau sut i helpu Mrs Tomos?

'Pan ddaw Mrs Tomos adref o'r ysbyty fe alwaf heibio iddi bob dydd,' meddai Owain, 'a gofyn yw hi'n iawn.'

'Dyna syniad da,' meddai Dad.

'Bydd hi'n falch iawn o hynny,' meddai Mam, 'fydd hi ddim mor unig wedyn.'

Prin y gallai Owain aros am i Mrs Tomos ddod adra. Byddai'n cael hwyl wrth ei helpu.

Sgwrs Fach am
Iesu a chi

1. Pam y mae Iesu am helpu pobl sydd yn methu helpu eu hunain?

2. Oes 'na rywun yn byw'n eich ymyl chi y gallech ei helpu?

Beth a wnaech iddynt?

Darlleniad Beiblaidd: *Mathew 25: 34-30*

Adnod i'w chofio: Pan yw un yn syrthio, nid oes ganddo gyfaill i'w godi. (*Pregethwr 4: 10*)

Gweddi: Arglwydd da, os oes ar rywun angen fy nghymorth, gad i mi wybod beth i'w wneud, a chynorthwya fi. Amen.

Tymer a Thyrau

'Roedd Carwyn wedi ceisio rhoi'r blociau wrth ei gilydd chwe gwaith, ond syrthiai'r tŵr bob tro.

Y seithfed tro i'r tŵr syrthio, rowliodd Carwyn ar y llawr. Curodd y llawr gyda'i ddyrnau, a dywedodd bethau cas iawn.

'Wel,' meddai Nain, ' 'rwyt ti'n debyg i dy dŵr.'

Gwrandawodd Carwyn arni mewn syndod. 'Beth ydych chi'n ei feddwl?' gofynnodd.

'Mae'r Beibl yn dweud wrthym am y tŵr, ac amdanat ti,' meddai Nain.

'Ydi o?' gofynnodd Carwyn, 'beth mae'n ei ddweud?'

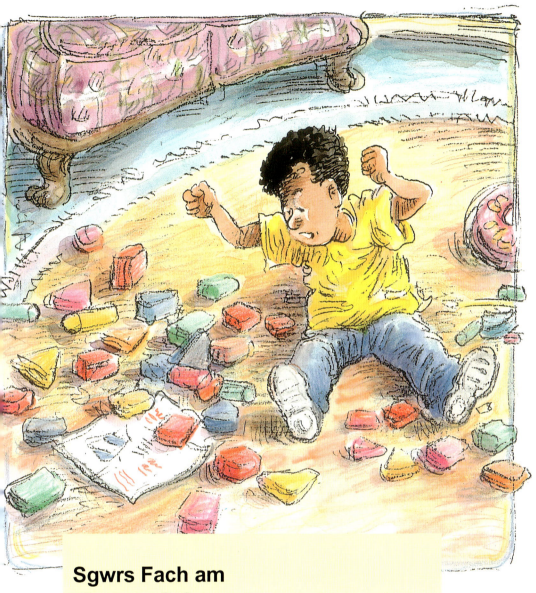

Sgwrs Fach am
Dymer Ddrwg

1. Oes gennych chi dymer ddrwg? Beth sy'n digwydd? Sut y byddwch yn teimlo wedyn?

2. Beth sydd o'i le ar dymer ddrwg?

3. Pe baech chi'n lle Nain, beth a ddywedech wrth Carwyn am ei dymer ddrwg?

'Y mae Diarhebion 25: 28 yn dweud wrthym amdanat ti a'r tŵr,' meddai Nain, 'mae'n dweud bod person sy'n methu ei reoli'i hun fel muriau dinas sydd wedi syrthio. Ffordd arall yw hyn o ddweud bod bachgen sy'n methu ei reoli ei hun fel tŵr sydd wedi syrthio.'

Edrychodd Carwyn ar weddillion y tŵr. Dyna lanast! 'Roedd wedi gweithio mor galed i'w godi ond 'roedd wedi chwalu i gyd. 'Doedd e' ddim yn edrych yn debyg i'r tŵr a gynlluniodd mor ofalus.

' 'Dydwi ddim am i'm bywyd i fod yn llanast fel y tŵr,' meddai Carwyn. ' 'Rwyf am fod fel y tŵr cyn iddo syrthio. 'Rwyf am ofyn i Iesu fy helpu i reoli fy nhymer o hyn allan.'

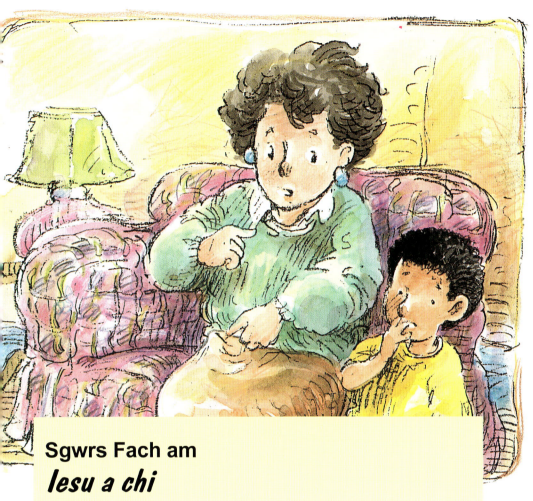

Sgwrs Fach am
Iesu a chi

1. Pam nad oedd Carwyn am fod fel y tŵr oedd wedi chwalu?

Tybed a fuasech chi?

2. Pam 'roedd Carwyn angen cymorth Iesu? A ydych chi am gael cymorth Iesu i reoli'ch tymer? Gofynnwch iddo 'nawr.

Darlleniad Beiblaidd: *Diarhebion 25: 28.*

Adnod i'w chofio: Fel dinas wedi ei bylchu a heb fur, felly y mae dyn sy'n methu rheoli ei dymer. (*Diarhebion 25: 28*).

Gweddi: Arglwydd Iesu, nid wyf eisiau bod fel mur wedi ei chwalu. Cymorth fi i reoli fy nhymer. Amen.

Y Ddraig

'Edrychwch ar y ddraig hyll yna,' meddai Rhodri. Pwyntiodd at ddraig fawr yn yr orymdaith.

'Roedd ei dannedd yn hir ac yn finiog, ac 'roedd ei llygaid yn edrych yn gas. 'Doedd hi ddim yn edrych yn garedig o gwbl!

'Welaist ti ragor o ddreigiau ryw dro?' gofynnodd tad Rhodri.

Edrychodd Rhodri mewn syndod arno, yna, dechreuodd feddwl. Beth a ddywedodd Rhodri tybed?

Sgwrs Fach am
Fod yn Gas

1. A edrychai'r ddraig yn garedig neu yn gas?

2. Beth oedd ystyr cwestiwn tad Rhodri am y dreigiau?

3. Beth, tybed, fydd ateb Rhodri i'w dad? Beth fuasai eich ateb chi?

'Weithiau,' meddai Rhodri, 'mae fy ffrindiau'n ymddwyn fel dreigiau blin.' Ychwanegodd, 'maent yn ddig ac yn gas, ac yn brifo pobl yn lle eu helpu.'

'Beth a hoffet ti ei ddweud wrthynt?' gofynnodd Dad.

'Hoffwn ddweud wrthynt am beidio bod fel dreigiau blin,' meddai Rhodri, ' 'does neb eisiau bod yn ffrindiau efo dreigiau cas.'

'Dyna beth da i ninnau i'w gofio,' meddai tad Rhodri.

'Ie' meddai Rhodri, ' 'dyw Iesu ddim am i ni fod fel dreigiau blin.'

Sgwrs Fach am
Iesu a chi

1. Pam nad yw Iesu am i ni fod fel dreigiau blin? A yw Ef yn ymddwyn felly? A ddylem ni?

2. Sut y dylai ffrindiau Iesu fod? A ddylem fod yn garedig? Beth fyddai Iesu ei eisiau?

Darlleniad Beiblaidd: *I Thessaloniaid 5: 15-18*

Adnod i'w chofio: Ceisiwch bob amser les eich gilydd a lles pawb. (*I Thessaloniaid 5: 15*).

Gweddi: Annwyl Arglwydd Iesu, 'rwyt ti'n garedig, yn hoffus, ac yn gymwynasgar. Gad i mi fod yn debycach i Ti bob dydd. Amen.

Byddwch yn Foesgar

'Fedrai ddim credu hyn,' meddai mam Llio, 'mae'r ddynes yna wedi gwthio'i ffordd i du blaen y rhes.'

'Roedd Llio wedi synnu, fyddai ei mam hi byth yn gwneud dim o'r fath. 'Dywedwch wrthi am beidio,' meddai Llio. 'O na,' meddai ei mam, 'efallai y byddwn yn dechrau cweryl. Mae'n rhaid ei bod ar frys mawr. Gallwn anghofio am y peth. Gallaf aros am ddau funud arall i dalu am fy neges.'

Sgwrs Fach am
Fod yn Foesgar.

1. Beth ddywedech chi wrth y wraig a wthiodd ei hun i'r tu blaen? A welsoch chi rywun yn ymddwyn felly?

2. A fyddwch yn ceisio bod yn foesgar wrth bobl eraill? Pa bethau fedrwch chi eu gwneud i fod yn foesgar? Pa bethau na ddylech eu gwneud?

Wedi i Llio a'i mam fynd adref a chadw'r neges, dyma nhw'n eistedd wrth fwrdd y gegin.

'Gad i ni wneud rhestr o bethau moesgar y gallwn eu gwneud,' meddai Mam wrth Llio, 'ac yna restr o bethau anfoesgar na ddylem eu gwneud.'

Gwnaeth Llio a'i mam ddwy restr hir. A ydynt yn debyg i'ch rhai chi?

Sgwrs Fach am
Iesu a chi

1. Pam y dylai Cristnogion fod yn foesgar? Beth a hoffai Iesu?

2. Meddyliwch am dri Christion a adwaenwch. A ydynt yn foesgar?

3. Meddyliwch am rywun yr hoffech fod yn debyg iddo/iddi pan dyfwch i fyny. A yw'r person hwnnw neu honno'n foesgar?

Darlleniad Beiblaidd: *I Pedr 3: 8-12.*

Adnod i'w chofio: Byddwch yn un mewn meddwl a theimlad, yn frawdol. (*I Pedr 3: 8*).

Gweddi: O Arglwydd, 'rwyf am fod yn foesgar oherwydd gwn y bydd hyn yn dy fodloni Di, ac eraill sy'n fy ngwylio. Amen.